Veronika Pichl

Soßen, Dips und Marinaden ZUM GRILLEN

50 Rezepte für Ketchup, Rubs, Chutneys, Pesto und mehr

riva

Bibliografische Information der Deutschen Nationalbibliothek
Die Deutsche Nationalbibliothek verzeichnet diese Publikation in der Deutschen Nationalbibliografie. Detaillierte bibliografische Daten sind im Internet über http://d-nb.de abrufbar.

Für Fragen und Anregungen
info@rivaverlag.de

Wichtiger Hinweis
Ausschließlich zum Zweck der besseren Lesbarkeit wurde auf eine genderspezifische Schreibweise sowie eine Mehrfachbezeichnung verzichtet. Alle personenbezogenen Bezeichnungen sind somit geschlechtsneutral zu verstehen.

Originalausgabe
2. Auflage 2022

Türkenstraße 89
80799 München
Tel.: 089 651285-0
Fax: 089 652096

Redaktion: Stephanie Kaiser-Dauer
Umschlaggestaltung: Sonja Vallant
Umschlagabbildungen: Shutterstock.com: Vorderseite: primopiano, KarinaKlachuk, Liliya Kandrashevich, stockcreations, Rückseite: irina2511, HandmadePictures, Kiian Oksana
Satz: inpunkt[w]o, Haiger (www.inpunktwo.de)
Druck: Florjancic Tisk d.o.o., Slowenien
Printed in the EU

ISBN Print 978-3-7423-2027-8
ISBN E-Book (PDF) 978-3-7453-1774-9
ISBN E-Book (EPUB, Mobi) 978-3-7453-1775-6

Wir produzieren nachhaltig
www.m-vg.de

Inhalt

Grillsoßen, Marinaden und Co. – einfach selbst gemacht

Ganz gleich, ob vegan, vegetarisch oder mit Fisch und Fleisch – zu Gegrilltem oder Gebratenem gehören eine leckere Soße und passende Würze einfach dazu. Schließlich unterstreichen Soßen, Marinaden oder Rubs mit Gewürzen aus aller Welt und unterschiedlichsten Aromen den Geschmack vieler Gerichte und runden ihn gekonnt ab. Häufig sind in Fertigprodukten jedoch zu viel Salz und künstliche Zusatzstoffe und meist keine hochwertigen Öle enthalten. Grund genug, sich statt für die »Standardvariante« aus dem Supermarkt für eine selbst gemachte Version zu entscheiden. Statt mit Glutamat und anderen unerwünschten Zusätzen lassen sich Marinaden, Soßen und Co. nämlich aus guten, natürlichen Zutaten und echten Kräutern ganz einfach selbst herstellen.

Lassen Sie sich von den vielfältigen Rezepten in diesem Buch inspirieren und experimentieren Sie nach Herzenslust und persönlichem Geschmack. Soßen, Dips und Chutneys schmecken nicht nur zu Gegrilltem, auch zu Fondue und Raclette sind sie leckere Begleiter. Pikant, klassisch, exotisch oder feurig scharf – hier ist für jeden etwas dabei. So wird die nächste Grillfeier ein echter Genuss!

Hinweise für die Rezepte in diesem Buch

Die Rezepte in diesem Buch sind verschiedenen Kategorien zugeordnet, damit Sie immer sofort erkennen können, welches Gericht vegetarisch, vegan oder glutenfrei ist. Mit den folgenden Symbolen sind sie übersichtlich gekennzeichnet:

- vegetarisch
- vegan
- glutenfrei

Marinaden

Mit Marinaden haften Gewürze und Kräuter besonders gut am Grillgut. So bekommen Fleisch, Geflügel, Fisch, Gemüse oder Grillkäse ein besonderes Aroma und werden schön zart und saftig.

Marinaden – mehr als nur Geschmacksgeber

Marinaden dienten ursprünglich dazu, Speisen länger haltbar zu machen. Sie bestanden in ihrer »Urform« lediglich aus Salzwasser. Heute hingegen haben Marinaden eine andere Aufgabe. Es handelt sich bei ihnen nämlich um Flüssigkeiten zum Einlegen und Würzen von Grill- oder Bratgut, die vor allem auch die Konsistenz von Fleisch positiv beeinflussen. Die darin enthaltene Säure sorgt beispielsweise dafür, dass sich die Struktur des eingelegten Fleisches verändert und es zarter wird.

Die Hauptkomponenten einer Grillmarinade sind:

- hitzebeständiges Öl, z. B. Raps- oder Sonnenblumenöl
- Säure, z. B. Essig, Zitronen- oder Limettensaft
- Kräuter, Gewürze, Knoblauch, Zwiebeln, Ingwer etc. nach Belieben
- Süße (optional), z. B. dunkler Rohrzucker, Honig, Zuckerrübensirup

Tipps und Tricks zum Marinieren

- Das Grillgut sollte großzügig mit der Marinade bepinselt oder darin eingelegt werden.
- Geben Sie die marinierten Lebensmittel in ein säurefestes, luftdicht verschließbares Gefäß aus Glas, Plastik oder Keramik. Verwenden Sie keine Aluminiumschalen oder Metallgefäße, da die Grillmarinade damit reagieren und den Geschmack beeinträchtigen kann. Grundsätzlich eignen sich auch verschließbare Gefrierbeutel sehr gut.
- Bei einer Marinierzeit von mehr als einer Stunde sollte das Grillgut abgedeckt in den Kühlschrank gestellt werden. Immer ca. 30 Minuten vor dem Grillen wieder herausnehmen, damit es beim Grillen Zimmertemperatur hat.

Empfohlene Marinierzeiten

Zarte Gemüsesorten (Zucchini, Tomaten etc.)	mind. 30 Minuten
Feste Gemüsesorten (Kartoffeln)	1–3 Stunden
Fischfilets, Meeresfrüchte, Fleischwürfel für Spieße	mind. 30 Minuten
Hähnchenbrust, dünnere Fleischstücke ohne Knochen wie z. B. Steak, Schweinelende	1–3 Stunden
Ganzes Hähnchen, dickere Fleischstücke mit und ohne Knochen wie Rinderbraten, Lammkeule	3–6 Stunden
Große Fleischstücke wie Spareribs, Schweineschulter	6–12 Stunden

Fleisch kann man in der Marinade ruhig über Nacht im Kühlschrank durchziehen lassen. Je länger es eingelegt ist, desto besser nimmt das Fleisch den Geschmack der Marinade an.

Paprikamarinade

FÜR FLEISCH ALLER ART, BESONDERS STEAKS VON SCHWEIN ODER RIND

REICHT FÜR CA. 500–600 G GRILLGUT

ZUTATEN

- 1 Knoblauchzehe
- 1 TL Paprikapulver, geräuchert
- 2 EL Paprikapulver, edelsüß
- 100 ml Öl, z. B. Raps- oder Sonnenblumenöl
- 1 EL Zitronensaft
- 1 Prise (frisch) gemahlener Pfeffer

1. Knoblauch abziehen und hacken.
2. Alle Zutaten vermischen und Grillgut damit bepinseln.

Tipp: Für etwas mehr Schärfe ½ TL Cayennepfeffer oder ¼ TL Chilipulver einrühren.

Empfohlene Marinierzeiten je nach Grillgut finden Sie auf S. 9.

Kräutermarinade

FÜR FLEISCH ALLER ART, Z. B. STEAKS VON SCHWEIN, RIND ODER PUTE, ABER AUCH FÜR GRILLKÄSE ODER GEMÜSE

REICHT FÜR CA. 500–600 G GRILLGUT

ZUTATEN

- ½ Bund Petersilie
- 2 Stängel Basilikum
- 1 Knoblauchzehe
- 100 ml Öl, z. B. Raps- oder Sonnenblumenöl
- Saft von ½ Zitrone
- 1 EL mittelscharfer Senf

1. Kräuter waschen, trocken schütteln, Blätter abzupfen und hacken.
2. Knoblauchzehe abziehen und fein hacken.
3. Alle festen Zutaten vermischen, evtl. im Mörser noch fein zerkleinern.
4. Öl, Zitronensaft und Senf untermischen und Grillgut mit der Marinade bepinseln.

Tipp: Alternativ kann man getrocknete Kräuter verwenden: 1 EL Petersilie, 1 TL Basilikum.

Empfohlene Marinierzeiten je nach Grillgut finden Sie auf S. 9.

Knoblauch-Rosmarin-Marinade

BESONDERS FÜR FISCH UND GEMÜSE

REICHT FÜR CA. 500–600 G GRILLGUT

ZUTATEN

1 Zweig Rosmarin
1 cm frischer Ingwer
2 Knoblauchzehen
1 Prise (frisch) gemahlener Pfeffer
100 ml Öl, z. B. Raps- oder Sonnenblumenöl
Saft von 1 Zitrone

1. Rosmarin waschen und trocken schütteln, Nadeln abzupfen und hacken.
2. Ingwer und Knoblauch schälen und fein hacken.
3. Alle festen Zutaten evtl. im Mörser noch fein zerkleinern.
4. Pfeffer, Öl und Zitronensaft untermischen und Grillgut mit der Marinade bepinseln.

Tipp: Zum Grillen eignet sich vor allem Fisch mit festem Fleisch wie z. B. Lachs, Makrele, Thunfisch. Statt Rosmarin kann man auch ½ Bund Petersilie verwenden.

Empfohlene Marinierzeiten je nach Grillgut finden Sie auf S. 9.

Biermarinade

FÜR FLEISCH ALLER ART, Z. B. NACKENSTEAKS VOM SCHWEIN, SPARERIBS, RIND ETC.

REICHT FÜR CA. 800–1000 G GRILLGUT

ZUTATEN

1 Zwiebel
½–1 TL schwarze Pfefferkörner, ganz, frisch geschrotet oder gemahlen
300 ml Bier, z. B. Pils
2 EL mittelscharfer Senf
4 EL Öl, z. B. Olivenöl
1 EL Paprikapulver, edelsüß
2 Lorbeerblätter

1. Zwiebel abziehen und fein hacken.
2. Bei Verwendung von ganzen Pfefferkörnern: Körner im Mörser fein zerkleinern oder alternativ z. B. in einen Gefrierbeutel geben, auf ein Schneidebrett legen und mit einem Nudelholz kräftig darüber rollen.
3. Bier, Senf, Öl und Gewürze gut verquirlen, Zwiebeln und Lorbeerblätter hinzufügen.
4. Grillgut großzügig mit der Marinade bestreichen, restliche Marinade in einen Behälter füllen und das Fleisch darin einlegen. Luftdicht verschließen und zum Durchziehen in den Kühlschrank geben.

Tipp: 1 EL Ahornsirup oder flüssigen Honig einrühren.

Empfohlene Marinierzeiten je nach Grillgut finden Sie auf S. 9.

Asia-Marinade

BESONDERS FÜR FISCH, GEMÜSE UND HÄHNCHENSPIESSE

REICHT FÜR CA. 500–600 G GRILLGUT

ZUTATEN

- 1 kleiner Bund Koriander
- 1 Knoblauchzehe
- 1 cm frischer Ingwer
- 4 EL Sojasoße
- Saft von 1 Limette, alternativ 3 EL Zitronensaft
- 80 ml Öl, z. B. Sesamöl
- 1 EL Honig, flüssig

1. Koriander waschen, trocken schütteln und fein hacken.
2. Knoblauch abziehen, Ingwer schälen und beides fein hacken.
3. Alle festen Zutaten vermischen, evtl. im Mörser noch fein zerkleinern.
4. Restliche Zutaten untermischen und Grillgut mit der Marinade bepinseln.

Tipp: 1 Stängel Zitronengras hinzufügen. Dazu die harten Enden abschneiden und die äußeren Blätter entfernen, in feine Röllchen schneiden und zur Marinade geben.

Empfohlene Marinierzeiten je nach Grillgut finden Sie auf S. 9.

Honig-Senf-Marinade

FÜR FLEISCH, FISCH, GEMÜSE ALLER ART, BESONDERS FÜR HÄHNCHEN, PUTE ODER GRILLKÄSE
REICHT FÜR CA. 500–600 G GRILLGUT

ZUTATEN

½ Zwiebel oder 1 Schalotte
2 EL Honig, flüssig
3 EL mittelscharfer Senf
2 EL Essig, z. B. Weißweinessig
80 ml Öl, z. B. Raps- oder Sonnenblumenöl
1 Prise (frisch) gemahlener Pfeffer
½ TL Paprikapulver, edelsüß

1. Zwiebel abziehen und in kleine Würfel schneiden.
2. Alle Zutaten in ein hohes Rührgefäß geben und pürieren.

Tipp: Nach Belieben noch 1 EL Rosmarin oder Thymian fein gehackt zum Marinieren hinzufügen.

Auch lecker als Currymarinade. Dazu einfach 1½ EL Currypulver einrühren.

Empfohlene Marinierzeiten je nach Grillgut finden Sie auf S. 9.

Zwiebel-Petersilien-Marinade

FÜR FLEISCH ALLER ART, Z. B. RIND, STEAKS UND BAUCHSCHEIBEN VOM SCHWEIN
REICHT FÜR CA. 500–600 G GRILLGUT

ZUTATEN

- 1 Zwiebel
- ½ Bund Petersilie
- 1 Prise (frisch) gemahlener Pfeffer
- 100 ml Öl, z. B. Raps- oder Sonnenblumenöl
- 3 EL Essig, z. B. Weißweinessig
- 2 EL Senf, mittelscharf

1. Zwiebel abziehen und fein hacken.
2. Petersilie waschen, trocken schütteln und hacken.
3. Alle festen Zutaten vermischen, evtl. im Mörser noch fein zerkleinern.
4. Öl, Essig und Senf untermischen und Grillgut mit der Marinade bepinseln.

Tipp: Empfohlene Marinierzeiten je nach Grillgut finden Sie auf S. 9.

Rubs

Rubs sind trockene Gewürzmischungen, die man in das Gargut »einmassiert«. Sie sorgen für die gewünschte Würze und eine leckere Kruste.

Rub – aromatische »Trockenmarinade«

Das Wort »rub« ist englischen Ursprungs und bedeutet »einreiben«. Geht es um die Vorbereitung von Fleisch für den Grill, wird bei Verwendung von Rubs daher genau das gemacht: Das Fleisch wird mit Würze eingerieben.

Anders als Marinaden haben Rubs keine flüssige Basis. Vielmehr bestehen sie aus einer Mischung meist grob gemahlener Gewürze. Sie dienen dazu, das Grillgut mit den gewünschten Aromen anzureichern, und bilden auf dem Fleisch eine leckere Kruste.

Die Hauptkomponenten eines Grill-Rub sind:

- Salz
- eine neutrale Basis wie Paprikapulver und Senfkörner/Senfmehl
- Gewürze nach Belieben wie z. B. Currypulver, Chilipulver
- getrocknete Kräuter
- (trockene) Süße wie z. B. brauner Rohrzucker oder Zucker

Rubs sollte man in luftdicht verschließbare Gefäße z. B. aus Glas oder in Gewürzstreuer mit Deckel abfüllen. Kühl, trocken und dunkel gelagert halten sich Rubs mindestens 3–4 Monate. Man sollte nicht zu viel auf Vorrat vorbereiten, da sie mit der Zeit »ausrauchen«, also an Aroma verlieren.

Tipps und Tricks für die Verwendung von Rubs

- Für kleinere Fleischstücke sollten die Gewürze feiner gemahlen werden, für größere Fleischstücke dürfen es ruhig grob gemahlene Gewürze sein.
- Zum Mahlen kann man z. B. eine Kaffee- oder Gewürzmühle, einen Mörser oder eine Küchenmaschine mit Blendfunktion verwenden.
- Bestreuen und festklopfen bzw. einmassieren mit Hand oder Pinsel ist besser als zu festes Einreiben.
- Für einen besseren Halt kann man das Fleisch auch vorher mit ein wenig Öl, Worcestersoße oder Senf bepinseln und dann den Rub auftragen.
- Grundsätzlich kann man Rubs direkt vor dem Grillen aufstreuen. Allerdings nimmt das Grillgut die Gewürze und Aromen besser auf, wenn man den Rub gut einmassiert und dann genügend Zeit zum Einziehen gibt. Dazu kann man sich an den Marinierzeiten (siehe S. 9) orientieren. Auch hier sollte man das »gerubbte« Grillgut in ein luftdicht verschließbares Gefäß oder einen Gefrierbeutel geben oder vakuumieren.
- 50 g Rub reichen etwa für 500 g Grillgut.

BBQ-Basis-Rub

UNIVERSAL-RUB FÜR SCHWEIN, RIND, HUHN UND FESTEN FISCH WIE LACHS

ERGIBT CA. 200 G RUB

ZUTATEN

- 1 EL Pfefferkörner oder gemahlener schwarzer Pfeffer
- 3 EL grobes Salz, z. B. Meersalz
- 3 EL Paprikapulver, edelsüß
- 1 EL Knoblauchgranulat oder -pulver
- 1 EL Zwiebelgranulat oder -pulver
- 1 EL Selleriesamen
- 4 EL brauner Rohrzucker

1. Grobe Zutaten nach Belieben mit einem Mörser zerkleinern. Alternativ z. B. in einen Gefrierbeutel geben, auf ein Schneidebrett legen und mit einem Nudelholz oder Fleischhammer darauf klopfen.
2. Alle Zutaten vermischen.

Tipp: Für mehr Schärfe 1 TL Cayennepfeffer und 1 TL Chilipulver hinzufügen.

Kaffee-Rub

BESONDERS FÜR RIND, ABER AUCH FÜR FLEISCH VOM SCHWEIN, Z. B. SCHWEINESTEAK, ODER AUCH HÄHNCHEN

ERGIBT CA. 110 G RUB

ZUTATEN

- 2 EL Kaffeebohnen, z. B. Espressobohnen
- 1 TL schwarze Pfefferkörner, ganz oder frisch geschrotet
- 1 TL Kümmelsamen
- 1 TL Koriandersamen
- 2 EL brauner Rohrzucker
- 1 EL grobes Salz, z. B. Meersalz
- 1 TL Cayennepfeffer
- 1 EL Paprikapulver, edelsüß

1. Grobe Zutaten nach Belieben mit einem Mörser zerkleinern. Alternativ z. B. in einen Gefrierbeutel geben, auf ein Schneidebrett legen und mit einem Nudelholz oder Fleischhammer darauf klopfen.
2. Alle Zutaten vermischen.

Tipp: Diesen Rub möglichst frisch zubereiten oder zeitnah verbrauchen, da die zerkleinerten Kaffeebohnen schnell an Aroma verlieren.

Arizona-Rub

BESONDERS FÜR GEFLÜGEL UND SCHWEIN, ABER AUCH FÜR GEMÜSE

ERGIBT CA. 100 G RUB

ZUTATEN

- 1 EL schwarze Pfefferkörner, ganz oder frisch geschrotet
- 2 TL Knoblauchgranulat oder -pulver
- 1 TL Koriandersamen, ganz oder gemahlen
- 2 EL grobes Salz, z. B. Meersalz
- 1 ½ EL Paprikapulver, edelsüß
- 1 TL Paprikapulver, rosenscharf
- 1 EL Kreuzkümmel

1. Grobe Zutaten nach Belieben mit einem Mörser zerkleinern. Alternativ z. B. in einen Gefrierbeutel geben, auf ein Schneidebrett legen und mit einem Nudelholz oder Fleischhammer darauf klopfen.
2. Mit den restlichen Zutaten vermischen

Tipp: Für mehr Schärfe 1 TL Chilipulver oder Chiliflocken hinzufügen.

Fisch-Rub »Old Bay Seasoning«

BESONDERS FÜR FISCH UND MEERESFRÜCHTE

ERGIBT CA. 90 G RUB

ZUTATEN

- 1 TL schwarze Pfefferkörner, ganz oder frisch geschrotet
- 1 EL Senfkörner oder Senfpulver
- 1 EL grobes Salz, z. B. Meersalz
- 2 EL (Sellerie-)Salz
- 1 EL Paprikapulver, edelsüß
- 1 Msp. Piment
- ½ TL Cayennepfeffer
- ½ TL Muskatnuss

1. Grobe Zutaten nach Belieben mit einem Mörser zerkleinern. Alternativ z. B. in einen Gefrierbeutel geben, auf ein Schneidebrett legen und mit einem Nudelholz oder Fleischhammer darauf klopfen.
2. Alle Zutaten vermischen.

Rosmarin-Rub

BESONDERS FÜR LAMM, ABER AUCH GEEIGNET FÜR FLEISCHSORTEN WIE HUHN UND SCHWEIN

ERGIBT CA. 100 G RUB

ZUTATEN

- 1 EL schwarze Pfefferkörner, ganz oder frisch geschrotet
- 1 EL Senfkörner oder Senfpulver
- 1 EL Knoblauchgranulat oder -pulver
- 1 EL Rosmarin, getrocknet
- 2 EL grobes Salz, z. B. Meersalz
- 1 EL brauner Rohrzucker

1. Grobe Zutaten nach Belieben mit einem Mörser zerkleinern. Alternativ z. B. in einen Gefrierbeutel geben, auf ein Schneidebrett legen und mit einem Nudelholz oder Fleischhammer darauf klopfen.
2. Alle Zutaten vermischen.

Steak-and-Chicken-Rub

BESONDERS FÜR GEFLÜGEL UND SCHWEIN, Z. B. SCHWEINESTEAK
ERGIBT CA. 100 G RUB

ZUTATEN

- 2 EL grobes Salz, z. B. Meersalz
- 1 TL schwarze Pfefferkörner, ganz oder frisch geschrotet
- 1 EL Knoblauchgranulat oder -pulver
- 1 EL Zwiebelgranulat oder -pulver
- 1 EL Paprikapulver, edelsüß
- 1 TL Paprikapulver, geräuchert
- 1 TL Thymian, getrocknet
- 1 TL Oregano, getrocknet

1. Grobe Zutaten nach Belieben mit einem Mörser zerkleinern. Alternativ z. B. in einen Gefrierbeutel geben, auf ein Schneidebrett legen und mit einem Nudelholz oder Fleischhammer darauf klopfen.
2. Mit den restlichen Zutaten vermischen.

Tipp: Für etwas mehr Schärfe 1 TL Chilipulver oder Chiliflocken hinzufügen.

Magic-Dust-Rub

FÜR ALLE ARTEN VON FLEISCH, FISCH, GEMÜSE ODER GRILLKÄSE. BESONDERS GUT GEEIGNET FÜR SPARERIBS UND PULLED PORK

ERGIBT CA. 130 G RUB

ZUTATEN

1 TL Pfefferkörner oder gemahlener schwarzer Pfeffer
1 EL Senfkörner oder -pulver
1 EL Knoblauchgranulat oder -pulver
2 EL Paprikapulver, edelsüß
1 TL Paprikapulver, geräuchert
2 EL grobes Salz, z. B. Meersalz
2 EL Puderzucker oder brauner Rohrzucker
1 TL Cayennepfeffer
1 TL Kreuzkümmel
1 TL Chilipulver

1. Grobe Zutaten nach Belieben mit einem Mörser zerkleinern. Alternativ z. B. in einen Gefrierbeutel geben, auf ein Schneidebrett legen und mit einem Nudelholz oder Fleischhammer darauf klopfen.
2. Alle Zutaten vermischen.

Tipp: Für mehr Schärfe noch 1 TL Chilipulver oder Chiliflocken und 1 TL Cayennepfeffer zusätzlich hinzufügen.

Toskana-Rub

BESONDERS FÜR RIND UND KALB

ERGIBT CA. 100 G RUB

ZUTATEN

- 1 ½ EL grobes Salz, z. B. Meersalz
- 1 EL schwarze Pfefferkörner, ganz oder frisch geschrotet
- 1 ½ EL Rosmarin, getrocknet
- 1 EL Salbei, getrocknet
- 1 EL Knoblauchgranulat oder -pulver
- 1 EL Oregano, getrocknet

1. Grobe Zutaten nach Belieben mit einem Mörser zerkleinern. Alternativ z. B. in einen Gefrierbeutel geben, auf ein Schneidebrett legen und mit einem Nudelholz oder Fleischhammer darauf klopfen.
2. Mit den restlichen Zutaten vermischen.

Grillsoßen

Die leckeren Soßen unterstreichen den Geschmack von Fleisch, Gemüse und Co. vom Grill und machen den Genuss erst perfekt.

Knoblauchsoße

FÜR CA. 350 ML

ZUTATEN

200 g Naturjoghurt, z. B. griechischer Joghurt
150 g Schmand
1 EL Zitronensaft
3 Knoblauchzehen
Salz, Pfeffer

1. Joghurt, Schmand und Zitronensaft in eine Schüssel geben. Knoblauch hinzupressen und alles gut verrühren.
2. Mit Salz und Pfeffer abschmecken.

Tipp: Mindestens 2 Stunden im Kühlschrank durchziehen lassen.

Tomatensoße

FÜR CA. 400 ML

ZUTATEN

- ½ Zwiebel oder 1 Schalotte
- 1 Knoblauchzehe
- 2 Stängel Basilikum
- 2 EL Öl, z. B. Olivenöl
- 1 Dose gehackte Tomaten (ca. 400 g)
- 1 EL Tomatenmark
- Salz, z. B. Kräutersalz
- 1 Prise (frisch) gemahlener Pfeffer
- 1 Prise brauner Rohrzucker oder Süßungsmittel nach Belieben (optional)

Tipp: Anstatt Basilikum schmecken z. B. auch Petersilie oder Oregano als Kräuterzugabe.

1. Zwiebel und Knoblauch abziehen und fein hacken.
2. Basilikum waschen, trocken schütteln, Blätter abzupfen und klein hacken.
3. Öl in einen Topf geben, Zwiebel darin ca. 2 Minuten andünsten. Knoblauch hinzufügen und kurz mitdünsten.
4. Restliche Zutaten hinzufügen und alles ca. 15 Minuten bei niedriger Hitze köcheln lassen.
5. Nach der Garzeit noch mit Salz, Pfeffer und Süßungsmittel abschmecken.

BBQ-Soße

FÜR CA. 500 ML

ZUTATEN

- 1 Dose geschälte Tomaten (ca. 400 g)
- 2 EL Tomatenmark
- 2 TL Honig, flüssig
- 3 EL Zuckerrübensirup
- 1 TL gemahlener Kreuzkümmel
- ½ TL Salz, z. B. grobes Meersalz
- 1 Prise (frisch) gemahlener Pfeffer
- 60 ml Worcestersoße
- 40 ml Apfelessig oder Weißweinessig
- 1 TL Paprikapulver, edelsüß
- ½ TL Paprikapulver, geräuchert

1. Geschälte Tomaten, Tomatenmark, Honig, Zuckerrübensirup, Kreuzkümmel, Salz und Pfeffer in einen Topf geben und bei mittlerer Hitze ca. 15 Minuten köcheln lassen. Gelegentlich umrühren.
2. Mit Worcestersoße und Essig aufgießen und weitere 10 Minuten bei niedriger Hitze einköcheln lassen.
3. Nach Belieben feiner pürieren und mit Gewürzen abschmecken.

Tipp: Für etwas mehr Schärfe 1 TL Chilipulver untermischen.

Mindestens 2 Stunden durchziehen lassen.

Honig-Senf-Soße

FÜR CA. 200 ML

ZUTATEN

150 g Senf, mittelscharf
40 g Honig, flüssig
2 EL Öl, z. B. Olivenöl
2 EL Zitronensaft
Salz, Pfeffer

1. Alle Zutaten verrühren.
2. Mit Salz und Pfeffer abschmecken.

Tipp: Mindestens 2 Stunden im Kühlschrank durchziehen lassen.

Joghurt-Minz-Soße

FÜR CA. 300 ML

ZUTATEN

- 2 Zweige Minze
- 300 g Naturjoghurt, z. B. griechischer Joghurt
- 2 EL Zitronensaft
- Salz, Pfeffer
- 1 Prise Zucker oder Süßungsmittel nach Belieben

1. Minze waschen, trocken schütteln und Blättchen abzupfen, dann fein hacken.
2. Alle Zutaten vermischen und mit Salz und Pfeffer abschmecken.

Tipp: Knoblauchfans können noch 1–2 Knoblauchzehen hinzupressen.

Mindestens 2 Stunden im Kühlschrank durchziehen lassen.

Paprikasoße

FÜR CA. 600 ML

ZUTATEN

- 1 rote Paprikaschote
- 1 gelbe Paprikaschote
- 1 Zwiebel
- 1 EL Öl, z. B. Rapsöl
- 200 g gehackte Tomaten
- 2 EL Tomatenmark
- 200 ml Gemüsebrühe
- ½ TL Salz
- ½ TL Pfeffer
- 1 TL Paprikapulver, edelsüß
- 2–3 EL Wasser oder Gemüsebrühe

1. Paprikaschoten waschen, Kerngehäuse entfernen und in kleine Würfel oder schmale Streifen schneiden.
2. Zwiebel abziehen und fein würfeln.
3. Öl in einen Topf geben, Zwiebel darin ca. 1 Minute anbraten.
4. Paprika hinzufügen, ca. 3 Minuten unter Rühren mitdünsten.
5. Restliche Zutaten hinzufügen und alles ca. 20 Minuten bei niedriger Hitze köcheln lassen, bis die Paprikastücke gargekocht sind. Evtl. noch etwas Wasser/ Gemüsebrühe nachgießen, falls die Flüssigkeit zu schnell verdampft.
6. Mit den Gewürzen abschmecken.
7. Soße stückig belassen oder teilweise oder ganz pürieren.

Tipp: Die Soße ist ca. 4–5 Tage im Kühlschrank haltbar.

Für mehr Schärfe noch ½ TL Paprikapulver rosenscharf, 1 Prise Cayennepfeffer oder ½ TL Chilipulver mitkochen.

Currysoße mit Ananasstücken

FÜR CA. 400 ML

ZUTATEN

- 1 Zwiebel
- 1–2 Scheiben Ananas, frisch oder aus der Dose
- 1 EL Öl, z. B. Olivenöl
- 200 g saure Sahne
- 100 g Naturjoghurt, z. B. griechischer Joghurt
- 1 EL Essig, z. B. Weißweinessig
- 2 EL Currypulver
- 1 TL Paprikapulver, edelsüß
- 1 Prise Zucker oder Süßungsmittel nach Belieben
- Salz, Pfeffer

1. Zwiebel abziehen und fein hacken.
2. Ananas in kleine Würfel schneiden.
3. Öl in einem Topf erhitzen und Zwiebel darin 2 Minuten andünsten.
4. Ananaswürfel hinzufügen und kurz mitdünsten, dabei leicht anbräunen. Dann Hitze ausstellen und abkühlen lassen.
5. Saure Sahne, Joghurt, Essig und Gewürze verrühren. Abgekühlte Ananas-Zwiebel-Mischung einrühren. Nach Belieben einen Teil oder ganz pürieren.

Cremige Burger-Soße

FÜR CA. 200 ML

ZUTATEN

- 150 g Mayonnaise
- 2 EL Ketchup, z. B. selbst gemacht, siehe S. 64
- 2 TL Senf, mittelscharf
- 1 TL Essig, z. B. Weißweinessig
- 1 TL Paprikapulver, edelsüß
- 1 TL Zucker oder Süßungsmittel nach Belieben (optional)
- ½ TL Salz
- 1 Prise gemahlener Pfeffer

Alle Zutaten vermischen und mit Salz und Pfeffer abschmecken.

Burger-Soße mit Stückchen

FÜR CA. 200 ML

ZUTATEN

- 40 g Gewürzgurken
- ½ Zwiebel oder 1 Schalotte
- 1 Knoblauchzehe
- 150 g Schmand
- 3 EL Mayonnaise
- 1 EL Senf, mittelscharf
- 1 EL Ketchup, z. B. selbst gemacht, siehe S. 64
- 1 Prise Zucker oder Süßungsmittel nach Belieben (optional)
- Salz, Pfeffer

1. Gurken klein würfeln.
2. Zwiebel und Knoblauch abziehen und fein hacken.
3. Alle Zutaten vermischen und mit Salz und Pfeffer abschmecken.

Tipp: Schmeckt auch gut als Soße für Chicken Burger mit gegrillter Hähnchenbrust.

Mindestens 1 Stunde durchziehen lassen.

Käsesoße

FÜR CA. 400 ML

ZUTATEN

- 40 g Butter
- 2–3 EL Mehl
- 200 ml Milch
- 200 g Käse gerieben, z. B. Cheddar
- 1 TL Paprikapulver, edelsüß
- Salz, Pfeffer

1. Butter in einem Topf schmelzen, Mehl darüberstreuen und unter Rühren zu einer Mehlschwitze verarbeiten.
2. Milch nach und nach zugeben und vorsichtig aufkochen lassen.
3. Cheddar hinzufügen und auf niedriger Hitze unter Rühren schmelzen lassen.
4. Paprikapulver hinzufügen und alles mit Salz und Pfeffer abschmecken.

Tipp: 1–2 EL Röstzwiebel unterheben.

Für eine scharfe Käsesoße 1 Chilischote klein hacken und mit einer Prise Chilipulver einrühren. Auch lecker zum Dippen.

Weiße Kräutersoße

FÜR CA. 350 ML

ZUTATEN

½ Bund Petersilie
100 g Salatcreme light oder Joghurt-Salatcreme
150 g Naturjoghurt, z. B. griechischer Joghurt
2 EL Zitronensaft
1 EL Essig, z. B. Weißweinessig oder Apfelessig
1 ½ TL Honig
1 Knoblauchzehe
Salz, Pfeffer

1. Petersilie waschen, trocken schütteln und fein hacken.
2. Salatcreme, Joghurt, Zitronensaft, Essig und Honig verrühren.
3. Knoblauch hinzupressen, Petersilie hinzufügen.
4. Alles gut verrühren und mit Salz und Pfeffer abschmecken.

Tipp: Mindestens 2 Stunden im Kühlschrank durchziehen lassen.

Anstatt Petersilie kann man auch andere Kräuter wie z. B. Basilikum verwenden.

Chimichurri

FÜR CA. 150 ML

ZUTATEN

½ Bund glatte Petersilie
2 Stängel Oregano
½ Zwiebel oder 1 Schalotte
2 Knoblauchzehen
Saft von 1 Limette
2 EL Essig, z. B. Weißweinessig
½ TL Salz, z. B. grobes Meersalz
100 ml Öl, z. B. Olivenöl

1. Petersilie und Oregano waschen, trocken schütteln und fein hacken.
2. Zwiebel und Knoblauch abziehen und ebenfalls fein hacken.
3. Alle Zutaten in einer Schüssel vermengen und mit Salz abschmecken. Für eine flüssigere Soße kann man noch etwas Öl nachgießen.

Tipp: Mindestens 3 Stunden durchziehen lassen. Am besten bereits am Vortag zubereiten.

Als kleine Portion ca. 1–2 TL zu Steak, Fisch, Geflügel. Kann auch als Marinade für das Grillgut verwendet werden.

Sweet-Chili-Soße

FÜR CA. 400 ML

ZUTATEN

- 6 Chilischoten (z. B. gemischt: 5 mild, 1 mittelscharf)
- 3 Knoblauchzehen
- 250 ml + 3 EL Wasser
- 100 ml Essig, z. B. Weißweinessig oder Reisessig
- 120 g brauner Rohrzucker oder Zucker
- ½ TL Salz
- 1 EL Maisstärke oder Speisestärke

1. Chilischoten waschen, Stiele und Grün entfernen, dann in Scheiben schneiden.
2. Knoblauch abziehen und fein hacken.
3. 250 ml Wasser, Essig, Zucker und Salz in einen Topf geben und kurz aufkochen lassen. Chilischeiben hinzufügen und ca. 30 Minuten bei mittlerer Hitze und gelegentlichem Umrühren köcheln lassen. Dann alles pürieren.
4. 3 EL Wasser in ein kleines Gefäß geben, die Speisestärke darin auflösen.
5. Das Stärkegemisch unter Rühren in den Topf gießen und alles noch 3–5 Minuten bei niedriger Hitze eindicken lassen. Falls die Soße zu stark eindickt, einfach noch 1–3 EL Wasser hinzufügen und bis zur gewünschten Konsistenz abkühlen lassen.

Tipp: Für eine schärfere Version z. B. 3 milde, 2 mittelscharfe und 1 scharfe Chilischote verwenden bzw. das Verhältnis nach Belieben anpassen.

Beim Verarbeiten von scharfen Chilis sollten Einmalhandschuhe verwendet werden.

Feurige Chilisoße

FÜR CA. 300 ML

ZUTATEN

- 1 rote Paprikaschote
- 1 Zwiebel
- 3 getrocknete Chilischoten (mittelscharf oder scharf)
- 1 EL Öl, z. B. Olivenöl
- 200 g gehackte Tomaten
- 1 EL Sojasoße
- 2 EL Essig, z. B. Weißweinessig
- 1 TL Zucker oder Süßungsmittel nach Belieben
- ½ TL Salz

1. Paprikaschote waschen, Kerngehäuse entfernen und in kleine Würfel schneiden.
2. Zwiebel abziehen und fein würfeln.
3. Stiele und Grün der getrockneten Chilischoten entfernen, dann klein hacken.
4. Öl in einem Topf erhitzen und Zwiebeln darin ca. 3 Minuten andünsten.
5. Alle restlichen Zutaten hinzufügen und 10–15 Minuten bei mittlerer Hitze köcheln und eindicken lassen.
6. Nach Belieben feiner pürieren und mit Salz und Süßungsmittel nochmals abschmecken.

Tipp: Beim Verarbeiten von scharfen Chilis sollten Einmalhandschuhe verwendet werden.

Mindestens 2 Stunden durchziehen lassen.

Bacon-BBQ-Soße

FÜR CA. 350 ML

ZUTATEN

1 Zwiebel
1 EL Öl, z. B. Olivenöl
30 g geräucherte Speckwürfel
50 g brauner Rohrzucker
1 EL Essig, z. B. Apfelessig oder Weißweinessig
2 EL Tomatenmark
250 g passierte Tomaten
1 TL Senf, mittelscharf
½ TL Paprikapulver edelsüß
1 EL Worcestersoße
Salz, Pfeffer

1. Zwiebel abziehen und fein würfeln.
2. Öl in einem Topf erhitzen und Zwiebel und Speckwürfel darin 2–3 Minuten andünsten.
3. Zucker darüber streuen und leicht karamellisieren lassen.
4. Essig und Tomatenmark hinzufügen und alles gut verrühren. 1 Minute mitdünsten.
5. Passierte Tomaten und Gewürze in den Topf hinzufügen. In 15–20 Minuten bei niedriger Hitze einköcheln lassen.
6. Stückig belassen oder pürieren.
7. Mit Salz und Pfeffer abschmecken.

Tipp: Man kann auch frische anstatt passierter Tomaten verwenden. Dazu die Tomaten vorher mit kochendem Wasser überbrühen und häuten, dann in kleine Würfel schneiden.

Mindestens 2 Stunden durchziehen lassen.

Heidelbeersoße

FÜR CA. 450 ML

ZUTATEN

- 1 rote Zwiebel
- 400 g Heidelbeeren
- 2 Stängel Thymian
- 45 g brauner Rohrzucker
- 1 EL Tomatenmark
- ½ TL Paprikapulver, geräuchert
- ½ TL Salz
- 1 Prise Pfeffer

1. Zwiebel abziehen und fein würfeln.
2. Heidelbeeren waschen und abtrocknen.
3. Thymian waschen, trocken schütteln und fein hacken.
4. Alle Zutaten in einen Topf geben und unter Rühren aufkochen lassen. Dann auf mittlerer Hitze für ca. 30–40 Minuten einköcheln lassen, gelegentlich umrühren.
5. Nach Belieben pürieren.

Tipp: Schmeckt lecker zu Grillfleisch aller Art und besonders zu Grillkäse.

Mindestens 2 Stunden durchziehen lassen.

BBQ-Whiskey-Soße

FÜR CA. 450 ML

ZUTATEN

- 1 Zwiebel
- 1 Knoblauchzehe
- 1 EL Öl, z. B. Rapsöl
- 2 EL Tomatenmark
- 1 Dose gehackte Tomaten (ca. 400 g)
- 4 EL Essig, z. B. Weißweinessig
- 3 EL Honig oder brauner Rohrzucker
- 1 EL Worcestersoße
- 1 EL Sojasoße
- 50 ml Whiskey
- Salz, Pfeffer
- 1 Msp. Paprikapulver, geräuchert

1. Zwiebel und Knoblauch abziehen und fein hacken.
2. Öl in einen Topf geben, Zwiebel und Tomatenmark darin ca. 2 Minuten anbraten.
3. Restliche Zutaten hinzufügen und alles ca. 25 Minuten bei niedriger Hitze köcheln lassen.
4. Mit Salz und Pfeffer und geräuchertem Paprikapulver abschmecken.
5. Nach Belieben stückig belassen oder pürieren.

Tipp: Besonders lecker zu Spareribs und Steak.

Bier-Grillsoße

FÜR CA. 500 ML

ZUTATEN

- 1 Zwiebel
- 1 EL Öl, z. B. Olivenöl
- 2 Knoblauchzehen
- 200 ml Bier, z. B. Pils feinherb
- 300 ml passierte Tomaten
- 2 EL Ahornsirup oder Süßungsmittel nach Belieben
- 1 TL Paprikapulver, edelsüß
- 1 TL Paprikapulver, geräuchert
- 1 TL Worcestersoße
- 1 TL Senf, mittelscharf
- 1 TL Salz
- ½ TL Pfeffer

1. Zwiebel abziehen und fein würfeln.
2. Öl in einem Topf erhitzen und Zwiebel darin 2–3 Minuten andünsten.
3. Knoblauch hinzupressen, kurz mitdünsten und dann restliche Zutaten hinzufügen.
4. Bei niedriger Hitze ca. 30 Minuten köcheln lassen, bis die Soße eindickt. Nach Belieben evtl. noch alles pürieren.

Dattel-Grillsoße

FÜR CA. 300 ML

ZUTATEN

1 rote Zwiebel
1 EL Öl, z. B. Olivenöl
50 g Datteln, entkernt
250 ml passierte Tomaten
½ TL Salz
1 TL Paprikapulver, edelsüß
½ TL Paprikapulver, geräuchert
1 Prise Cayennepfeffer
1 EL Essig, z. B. Weißweinessig

1. Zwiebel abziehen und fein würfeln.
2. Öl in einem Topf erhitzen und Zwiebel darin 3 Minuten andünsten.
3. Datteln klein hacken und hinzufügen, kurz mitdünsten.
4. Restliche Zutaten hinzufügen und in ca. 15–20 Minuten bei niedriger Hitze einköcheln lassen, dann pürieren.
5. Mit Gewürzen nochmals abschmecken.

Mango-Curry-Soße

FÜR CA. 450 ML

ZUTATEN

- 1 Mango (ca. 300 g Fruchtfleisch)
- ½ Zwiebel oder 1 Schalotte
- 1 EL Essig, z. B. Weißweinessig
- 1 EL Currypulver
- ½ TL Kurkumapulver (optional)
- 1 TL (Kräuter-)Salz
- 150 g Schmand
- 1 Prise (frisch) gemahlener Pfeffer

1. Mango entkernen und Fruchtfleisch grob würfeln.
2. Zwiebel abziehen und hacken.
3. Alle Zutaten in eine Schüssel geben und pürieren.
4. Mit Salz und Pfeffer abschmecken.

BBQ-Soße aus passierten Tomaten

FÜR CA. 300 ML

ZUTATEN

- 1 rote Zwiebel
- 1 EL Öl, z. B. Olivenöl
- 2 EL Ahornsirup oder Süßungsmittel nach Belieben
- 250 ml passierte Tomaten
- 30 ml Essig, z. B. Weißweinessig
- 2 EL Tomatenmark
- ½ TL Kreuzkümmel
- 1 TL Paprikapulver, edelsüß
- ½ TL Paprikapulver, geräuchert
- ½ TL Salz
- 1 Prise Pfeffer
- ½ TL Senfpulver oder gemörserte Senfkörner, alternativ mittelscharfer Senf

1. Zwiebel abziehen und fein würfeln.
2. Öl in einem Topf erhitzen und Zwiebel darin 3 Minuten andünsten.
3. Ahornsirup hinzufügen und unter Rühren karamellisieren lassen, dann mit passierten Tomaten und Essig ablöschen.
4. Restliche Zutaten hinzufügen und in ca. 20–25 Minuten bei niedriger Hitze einköcheln lassen.
5. Mit Gewürzen nochmals abschmecken und nach Belieben pürieren.

Erdnuss-Soße

FÜR CA. 300 ML

ZUTATEN

80 g Erdnussbutter, cremig oder crunchy
200 ml Kokosmilch
1 TL Sambal Oelek oder alternativ rote Currypaste
1 EL Limettensaft
1 EL Sojasoße
½ TL flüssiger Honig oder brauner Rohrzucker
Salz

1. Alle Zutaten verrühren.
2. Mit Salz abschmecken.

Tipp: Mindestens 2 Stunden im Kühlschrank durchziehen lassen.

Mit Frühlingszwiebelröllchen bestreuen oder untermischen.

Besonders lecker zu gegrillten Hähnchenspießen.

Ketchup und Senf

Der Klassiker Ketchup selbst gemacht
und Senf neu interpretiert.

Tomatenketchup

FÜR CA. 1 L

ZUTATEN

- 1 kg Tomaten
- 1 Zwiebel
- 1 ½ EL brauner Rohrzucker oder Süßungsmittel nach Belieben, z. B. Honig
- ½ TL Salz
- ½ TL Senfkörner, alternativ ½ TL Senf, mittelscharf
- 1 TL Paprikapulver, edelsüß
- 3–4 EL Apfel- oder Weißweinessig

1. Tomaten waschen, Grün entfernen und in kleine Stücke schneiden.
2. Zwiebel abziehen und fein würfeln.
3. Alle Zutaten bis auf den Essig in einen Topf geben und unter gelegentlichem Umrühren bei mittlerer Hitze ca. 20–25 Minuten köcheln lassen.
4. Dann alles pürieren und für eine feine Konsistenz portionsweise durch ein Passiersieb streichen.
5. Essig hinzufügen und nochmals 10 Minuten köcheln lassen. Falls der Ketchup noch zu flüssig ist, die Kochzeit noch etwas verlängern und weiter eindicken lassen.
6. Mit Salz, Paprikapulver und Süßungsmittel abschmecken.

Tipp: Ketchup in heiß ausgespülte Flaschen einfüllen, abkühlen lassen und dann im Kühlschrank lagern. Ca. 1–2 Monate haltbar. Für bessere Haltbarkeit bei 90 °C ca. 30 Minuten im Einkochautomat einkochen lassen.

Für eine schnelle Version kann man anstatt der frischen Tomaten auch 2 Dosen gehackte Tomaten verwenden (à ca. 400 g).

Mindestens 2 Stunden durchziehen lassen.

Curryketchup

FÜR CA. 500 ML

ZUTATEN

- 1 Zwiebel
- 1 EL Öl, z. B. Olivenöl
- 1 EL Tomatenmark
- 1 Dose stückige Tomaten (ca. 400 g)
- 60–80 ml Apfel- oder Weißweinessig
- 3–4 EL brauner Rohrzucker
- 2 ½ EL Currypulver
- ½ TL Salz

1. Zwiebel abziehen und fein würfeln.
2. Öl in einem Topf erhitzen und Zwiebel darin 1 Minute andünsten.
3. Tomatenmark hinzufügen und kurz mitrösten.
4. Stückige Tomaten, 60 ml Essig, 3 EL Rohrzucker, Curry und Salz hinzufügen und alles unter Rühren ca. 10–15 Minuten auf mittlerer Hitze köcheln lassen. Evtl. noch etwas Essig und Zucker hinzufügen.
5. Dann fein pürieren und mit Gewürzen abschmecken.

Tipp: Ketchup in heiß ausgespülte Flaschen einfüllen, abkühlen lassen und dann im Kühlschrank lagern.

Ca. 1–2 Monate haltbar. Für bessere Haltbarkeit bei 90 °C ca. 30 Minuten im Einkochautomat einkochen lassen.

Mindestens 2 Stunden durchziehen lassen.

Feigensenf

FÜR CA. 500 ML

ZUTATEN

- 6 frische Feigen (ca. 360 g)
- 80 ml Wasser
- 20 g Senfmehl oder Senfpulver
- 75 g brauner Rohrzucker
- 30 ml Essig, z. B. Balsamico dunkel
- 1 EL Zitronensaft
- 1 EL Senfkörner

1. Feigen abwaschen, abtrocknen und Stiele entfernen, dann in grobe Stücke schneiden.
2. Feigen mit Wasser und Senfmehl pürieren. In einen Topf geben und bei niedriger Hitze ca. 10 Minuten köcheln lassen.
3. Rohrzucker und Essig hinzufügen und 10 Minuten weiter kochen. Gelegentlich umrühren.
4. Zitronensaft und Senfkörner hinzufügen, in ca. 5 Minuten unter Rühren fertigkochen.

Tipp: Mindestens 2 Stunden im Kühlschrank durchziehen lassen.

Mango-Chili-Senf

FÜR CA. 200 G

ZUTATEN

- 150 g Mango-Fruchtfleisch
- 5 EL körniger Senf
- 1 TL Zitronensaft
- Salz, Pfeffer

1. Mango in grobe Stücke schneiden.
2. Alle Zutaten vermengen und grob pürieren.
3. Mit Salz und Pfeffer abschmecken.

Tipp: ½ TL Chiliflocken hinzufügen oder ½ Chilischote fein hacken und unterrühren.

Mindestens 2 Stunden im Kühlschrank durchziehen lassen.

Dips, Salsas und Pesto

Leckere Grillbegleiter zum Dippen und Verfeinern.

Honig-Senf-Dip

FÜR CA. 250 G

ZUTATEN

- 200 g saure Sahne
- 3 EL Senf, mittelscharf
- 1 EL Honig, flüssig
- Salz
- 1 Prise (frisch) gemahlener, bunter Pfeffer

Alle Zutaten verrühren und mit Salz und Pfeffer abschmecken.

Tipp: Mindestens 2 Stunden im Kühlschrank durchziehen lassen.

Tsatsiki

FÜR CA. 550 G

ZUTATEN

- 1 Salatgurke
- 1 Stängel Dill
- ½ Zitrone
- 500 g griechischer Joghurt
- 4 Knoblauchzehen
- 1 EL Öl, z. B. Olivenöl
- Salz, Pfeffer

1. Salatgurke waschen, evtl. schälen und dann raspeln. Danach Flüssigkeit mit den Händen oder mithilfe eines Küchentuchs sehr gut ausdrücken.
2. Dill waschen, trocken schütteln und fein hacken.
3. Zitrone auspressen.
4. Joghurt in eine Schüssel geben, Knoblauch hinzupressen und die restlichen Zutaten hinzufügen.
5. Alles gut verrühren und mit Salz und Pfeffer abschmecken.

Tipp: Mindestens 2 Stunden im Kühlschrank durchziehen lassen.

Feta-Creme

FÜR CA. 400 G

ZUTATEN

- 1 rote Paprikaschote
- 150 g Schafskäse
- 200 g Frischkäse
- 1 Knoblauchzehe
- 1 EL Öl, z. B. Olivenöl
- Salz, Pfeffer

1. Paprikaschote waschen und Kerngehäuse entfernen, dann würfeln.
2. Schafskäse in eine Schüssel bröckeln.
3. Restliche Zutaten hinzufügen und alles zu einer cremigen Masse pürieren.
4. Mit Salz und Pfeffer abschmecken.

Tipp: Nach Belieben mit Paprikawürfeln und Blättchen von frischem Oregano dekorieren oder die Würfel und gehackte Kräuter untermischen.

Mindestens 2 Stunden im Kühlschrank durchziehen lassen.

Ajvar

FÜR CA. 400 G

ZUTATEN

- 250 g rote Paprikaschoten
- 100 g Aubergine
- 1 Zwiebel
- 1 Knoblauchzehe
- ½ Chilischote
- 2 EL Öl, z. B. Olivenöl
- 2 EL Essig, z. B. Weißweinessig oder Apfelessig
- Salz
- 1 Prise brauner Rohrzucker oder Zucker (optional)

1. Backofen auf 200 °C Ober-/Unterhitze vorheizen.
2. Paprikaschoten waschen und entkernen.
3. Auf ein mit Backpapier belegtes Backblech mit der Haut nach oben legen.
4. Aubergine waschen, erst in ca. 2 cm dicke Scheiben schneiden und diese jeweils nochmal teilen. Zu den Paprika auf das Backblech geben.
5. Blech in den Ofen schieben und 20–30 Minuten backen, bis die Haut der Paprikaschoten Blasen wirft. Beiseite stellen und abkühlen lassen.
6. Zwiebel und Knoblauch abziehen und fein hacken. Chilischote waschen, entkernen und in feine Würfel schneiden.
7. Öl in einem Topf erhitzen und Zwiebel und Chilischote 2 Minuten andünsten, Knoblauch hinzufügen und kurz mitdünsten. Mit Essig ablöschen, dann vom Herd nehmen.
8. Paprikaschoten und Aubergine häuten. Das Gemüse-Fruchtfleisch mit in den Topf geben und bei schwacher Hitze ca. 20–30 Minuten köcheln lassen. Evtl. noch etwas Wasser hinzufügen. Dann alles zu einer cremigen Paste pürieren und mit Salz und Zucker abschmecken.

Tipp: Mindestens 2 Stunden im Kühlschrank durchziehen lassen.

Hummus

FÜR CA. 450 G

ZUTATEN

- 1 Dose Kichererbsen (ca. 400 g)
- Saft von 1 Zitrone
- 2 EL Öl, z. B. Olivenöl
- 2 EL Sesammus/Tahini
- ½ TL Kreuzkümmel
- ½ TL Salz
- Pfeffer
- 2 Knoblauchzehen
- 50–100 ml Wasser

1. Kichererbsen, Zitronensaft, Öl, Sesammus und Gewürze in eine Schüssel oder Küchenmaschine geben, Knoblauchzehen hinzupressen.
2. 50 ml Wasser hinzufügen und alles pürieren. Evtl. noch etwas Wasser hinzufügen, bis eine cremige Konsistenz erreicht ist.
3. Mit Salz, Pfeffer und Kreuzkümmel nochmals abschmecken.

Tipp: Mit Paprikapulver und frisch gehackten Kräutern bestreuen.

Mindestens 2 Stunden im Kühlschrank durchziehen lassen.

Sour Cream

FÜR CA. 500 G

ZUTATEN

- ½ Zwiebel oder 1 Schalotte
- 300 g Magerquark
- 150 g Schmand oder Crème fraîche
- 1 EL Essig, z. B. Weißweinessig
- 1 Prise Zucker oder Süßungsmittel nach Belieben
- Salz, Pfeffer

1. Zwiebel abziehen und fein hacken.
2. Alle Zutaten gut verrühren und mit Salz und Pfeffer abschmecken.

Tipp: Mit Schnittlauchröllchen bestreuen oder diese in die Sour Cream einrühren.

Mindestens 2 Stunden im Kühlschrank durchziehen lassen.

Curry-Bananen-Dip

FÜR CA. 450 G

ZUTATEN

1 reife Banane (ca. 150 g)
1 EL Zitronensaft
150 g Joghurt
100 g Schmand
2 EL Currypulver
Salz, Pfeffer
Chilipulver (optional)

1. Banane schälen und in Stücke brechen. Mit der Gabel zerdrücken und mit Zitronensaft beträufeln.
2. Restliche Zutaten hinzufügen und alles pürieren.
3. Mit Gewürzen abschmecken.

Tipp: Mindestens 2 Stunden im Kühlschrank durchziehen lassen.

Curry-Ananas-Dip

FÜR CA. 350 G

ZUTATEN

- 1 Scheibe Ananas frisch oder aus der Dose
- 200 g Crème fraîche
- 100 g Kokosmilch
- 2 EL Currypulver
- 2 EL Essig, z. B. Weißweinessig
- 1 Prise Zucker oder Süßungsmittel nach Belieben
- Salz, Pfeffer

1. Ananas in feine Würfel schneiden.
2. Restliche Zutaten gut verrühren, Ananas unterheben und alles mit Salz und Pfeffer abschmecken. Nach Belieben stückig belassen oder fein pürieren.

Tipp: Mindestens 2 Stunden im Kühlschrank durchziehen lassen.

Tomatensalsa

FÜR CA. 450 G

ZUTATEN

- 400 g Tomaten
- 1 rote Zwiebel
- 1 Knoblauchzehe
- 2–3 Stängel Petersilie
- 2 EL Öl, z. B. Olivenöl
- 1 EL Tomatenmark
- Saft von ½ Limette
- ½ TL Zucker oder Süßungsmittel nach Belieben, z. B. Honig
- Salz, Pfeffer

1. Tomaten waschen, Grün entfernen und in kleine Würfel schneiden.
2. Zwiebel und Knoblauch abziehen und fein würfeln.
3. Petersilie waschen, trocken schütteln und fein hacken.
4. Öl in einem Topf erhitzen, Zwiebel und Tomatenmark darin ca. 3 Minuten dünsten.
5. Petersilie und ca. 300 g Tomatenwürfel hinzufügen und bei mittlerer Hitze etwa 10 Minuten köcheln lassen.
6. Restliche Zutaten hinzufügen, bei niedriger Hitze ca. 5 Minuten fertigkochen. Mit Salz, Pfeffer und Süßungsmittel abschmecken.

Tipp: Mindestens 2 Stunden im Kühlschrank durchziehen lassen.

Für eine scharfe Salsa kann man noch ½–1 TL Chiliflocken oder 1 gewürfelte Chilischote mitkochen.

Basilikumpesto

FÜR CA. 250 G

ZUTATEN

- 80 g Basilikum
- 1 Knoblauchzehe
- 50 g Parmesan, gerieben
- 100 ml Öl, z. B. Olivenöl
- 40 g Mandeln, gehobelt
- ½ TL Salz

1. Basilikum waschen, trocken schütteln und Blätter abzupfen.
2. Knoblauchzehe abziehen.
3. Alle Zutaten in eine Küchenmaschine geben und erst pulsartig grob zerkleinern, dann nach und nach fein pürieren. Falls nur ein Pürierstab vorhanden ist, alle Zutaten erst grob zerkleinern und dann mit dem Stab fein pürieren. Evtl. noch etwas mehr Öl hinzufügen, falls die Masse noch zu stückig ist.
4. Mit Salz abschmecken.

Tipp: In ein Schraubglas füllen, mit 1–2 EL Olivenöl bedecken und mit einem Deckel verschließen. So hält sich das Pesto ca. 1–2 Wochen.

4 EL Pesto mit 150 g Naturjoghurt verrührt ergeben eine leckere Pestocreme.

Die gehobelten Mandeln kann man auch vorher ohne Öl in einer Pfanne anrösten. Anstatt Mandeln kann man auch Pinienkerne verwenden.

Bärlauchpesto

FÜR CA. 350 G

ZUTATEN

150 g Bärlauch
60 g Pinienkerne
50 g Parmesan
90 ml Öl, z. B. Olivenöl
½ TL Salz

1. Bärlauch putzen, waschen und trocken tupfen.
2. Pinienkerne in einer Pfanne ohne Zugabe von Fett kurz von allen Seiten anrösten.
3. Bärlauch grob hacken.
4. Alle Zutaten in eine Küchenmaschine geben und erst pulsartig grob zerkleinern, dann nach und nach fein pürieren. Falls nur ein Pürierstab vorhanden ist, alle Zutaten erst grob zerkleinern und dann mit dem Stab fein pürieren. Evtl. noch etwas mehr Öl hinzufügen, falls die Masse noch zu stückig ist.
5. Mit Salz abschmecken.

Tipp: In ein Schraubglas füllen, mit 1–2 EL Olivenöl bedecken und mit einem Deckel verschließen. So hält sich das Pesto ca. 1–2 Wochen.

4 EL Pesto mit 150 g Naturjoghurt verrührt ergeben eine leckere Pestocreme.

Chutneys und Relishes

Die würzigen Soßen aus Frucht- und Gemüsestücken schmecken besonders auf Burger, Grillfleisch oder Grillkäse, aber auch als Aufstrich auf Brot.

Buntes Paprika-Relish

FÜR CA. 500 G

ZUTATEN

1 rote Paprikaschote
1 gelbe Paprikaschote
1 grüne Paprikaschote
1 kleine Zwiebel
2 EL Öl, z. B. Olivenöl
3 EL brauner Rohrzucker
2 EL Essig, z. B. Weißweinessig
60 ml Weißwein, alternativ Gemüsebrühe
¼ TL Salz
¼ TL Paprikapulver, edelsüß

1. Paprikaschoten waschen, Kerngehäuse entfernen und in kleine Würfel schneiden.
2. Zwiebel abziehen und fein würfeln.
3. Öl in einen Topf geben, Paprika und Zwiebel darin ca. 5 Minuten andünsten.
4. Restliche Zutaten hinzufügen und alles ca. 25 Minuten bei niedriger Hitze köcheln lassen. Evtl. noch etwas Wein/Brühe nachgießen, falls die Flüssigkeit zu schnell verdampft.
5. Nach der Garzeit nochmals mit Salz und Paprikapulver abschmecken.

Tipp: Noch heiß in saubere Gläser abfüllen und mit Deckel verschließen.

Mediterranes Chutney

FÜR CA. 700 G

ZUTATEN

- 2 Tomaten
- 1 rote Paprikaschote
- 1 gelbe Paprikaschote
- 1 kleine Zucchini (ca. 200 g)
- 1 Zwiebel
- 2 Knoblauchzehen
- 50 g brauner Rohrzucker oder Zucker
- 1 ½ TL Salz
- 1 TL Paprikapulver, edelsüß
- 1 ½ TL Oregano, getrocknet
- 1 TL Thymian, getrocknet
- 150 ml Essig, z. B. Weißweinessig

Tipp: Noch heiß in saubere Gläser abfüllen und mit Deckel verschließen.

1. Tomaten waschen, mit heißem Wasser überbrühen, dann Haut abziehen und Grün entfernen.
2. Paprika und Zucchini waschen und abtrocknen. Paprika entkernen und zusammen mit Zucchini und Tomaten in kleine Würfel schneiden.
3. Zwiebel und Knoblauch abziehen, dann ebenfalls fein würfeln.
4. Alle Zutaten in einen Topf geben und ca. 30 Minuten bei niedriger Hitze und unter gelegentlichem Umrühren einkochen lassen.

Gurken-Relish

FÜR CA. 400 G

ZUTATEN

- 1 Salatgurke (ca. 300 g)
- ½ Zwiebel oder Schalotte
- 2 TL Senfkörner
- 1 TL Salz
- 75 ml Essig, z. B. Weißweinessig
- 60 g Zucker oder brauner Rohrzucker
- 1 TL Salz
- ¼ TL Pfeffer
- 1 ½ TL Dillspitzen, getrocknet

1. Salatgurke waschen, der Länge nach halbieren und mithilfe eines Löffels die Kerne entfernen. Dann in kleine Würfel schneiden.
2. Zwiebel abziehen und fein würfeln.
3. Alle Zutaten in einen Topf geben und ca. 15 Minuten bei mittlerer Hitze köcheln lassen.

Tipp: Noch heiß in saubere Gläser abfüllen und mit Deckel verschließen.

Besonders lecker für Burger und Hotdogs.

Mango-Chutney

FÜR CA. 500 G

ZUTATEN

- 2 reife Mangos (ca. 400 g)
- 1 Zwiebel
- 1 cm Ingwer
- Saft von 1 Limette
- 60 ml Essig, z. B. Weißweinessig
- 2 EL brauner Rohrzucker
- ½ TL Currypulver
- ½ TL Salz
- 1 Prise Pfeffer (aus der Mühle)

1. Mangos entkernen und Fruchtfleisch in Würfel schneiden.
2. Zwiebel abziehen und fein würfeln.
3. Ingwer schälen und raspeln.
4. Limettensaft, Essig und Rohrzucker in einen Topf geben und erhitzen.
5. Alle restlichen Zutaten hinzufügen und 10–15 Minuten bei niedriger Hitze und gelegentlichem Umrühren köcheln lassen, bis das Chutney eindickt.
6. Mit Salz und Pfeffer abschmecken.

Tipp: Noch heiß in saubere Gläser abfüllen und mit Deckel verschließen.

Für etwas mehr Schärfe ½ TL Chiliflocken einrühren.

Rote-Zwiebel-Chutney

FÜR CA. 700 G

ZUTATEN

- 500 g rote Zwiebeln
- 2 EL Öl, z. B. Olivenöl
- 100 g brauner Rohrzucker
- 100 ml Essig, z. B. Balsamico dunkel
- 50 ml Rotwein
- 1 Lorbeerblatt
- 1 TL Salz
- 1 Prise (frisch) gemahlener Pfeffer

1. Zwiebeln abziehen und in feine Scheiben schneiden.
2. Öl in einem Topf erhitzen und Zwiebeln darin andünsten.
3. Zucker darüber streuen und weiter dünsten, bis er karamellisiert.
4. Mit Essig und Rotwein ablöschen.
5. Lorbeerblatt und Gewürze hinzufügen und ca. 15–20 Minuten bei niedriger Hitze und unter gelegentlichem Umrühren einkochen lassen.
6. Lorbeerblatt wieder entfernen und mit Gewürzen abschmecken.

Tipp: Noch heiß in saubere Gläser abfüllen und mit Deckel verschließen.

Apfel-Birnen-Chutney

FÜR CA. 750 G

ZUTATEN

- 250 g Äpfel
- 250 g Birnen
- 150 g Zwiebeln
- 1 Chilischote
- 1 EL Öl, z. B. Olivenöl
- 100 g brauner Rohrzucker
- 100 ml Essig, z. B. Weißweinessig
- 60 ml Apfelsaft
- 1 TL Salz
- ½ TL Zimt
- Pfeffer aus der Mühle

1. Äpfel und Birnen waschen, schälen, Kerngehäuse entfernen und dann in kleine Würfel schneiden.
2. Zwiebeln abziehen und fein würfeln.
3. Chilischote waschen, entkernen und klein hacken.
4. Öl in einem Topf erhitzen und Zwiebeln darin andünsten.
5. Rohrzucker darüber streuen und weiter dünsten, bis er karamellisiert.
6. Mit Essig und Apfelsaft ablöschen.
7. Restliche Zutaten und Gewürze hinzufügen und ca. 15–20 Minuten bei niedriger Hitze und unter gelegentlichem Umrühren einkochen lassen.

Tipp: Noch heiß in saubere Gläser abfüllen und mit Deckel verschließen.

Bonusmaterial zum Buch

Auf **https://happyfitfood.de/grillen** habe ich Ihnen Tipps und Ideen für Ihr nächstes Grillfest zusammengestellt. Außerdem steht dort ein Bonus-E-Book mit leckeren Grillbutter-Rezepten zum Download bereit.

Herzliche Grüße
Veronika Pichl

Über die Autorin

Veronika Pichl ist Autorin zahlreicher Kochbücher und Ratgeber. Mit ihren Büchern und ihrem Blog-Magazin »HappyFitFood – Gesunde Ernährung mit Fun-Faktor« möchte sie ihre Leser zu einem gesünderen und glücklicheren Leben inspirieren.
Im riva Verlag sind bereits viele erfolgreiche Bücher von ihr erschienen. Sie lebt mit ihrem Mann und ihren beiden Kindern im schönen Mittelfranken. Mehr Infos zur Autorin und ihren Büchern finden Sie auf **www.veronikapichl.de.**

Im Blog-Magazin von Veronika Pichl auf **www.happyfitfood.de** erscheinen regelmäßig leckere Rezepte, Meal-Prep- und Lunchbox-Ideen. Außerdem gibt es wissenswerte Beiträge, um mehr Bewegung in den Alltag zu bringen und Kilos zu verlieren, aber auch Tipps, um seine Ziele zu erreichen – für eine nachhaltige Lebensweise und mehr Zufriedenheit im Leben.

Zutatenregister

Bildnachweis

Shutterstock.com:
S. 3 oben + S. 18: Joshua Resnick; S. 3 Mitte + S. 21 oben links + S. 25: DronG; S. 3 unten + S. 62: szefei; S. 4 oben + S. 55: Olga Navarro; S. 4 Mitte + S. 75: Brent Hofacker; S. 4 unten + S. 83 oben + S. 90: minadezhda; S. 5: stockcreations; S. 6: DisobeyArt; S. 7 oben links + S. 15: zi3000; S. 7 oben rechts + S. 19: Ingrid Balabanova; S. 8: Viktor1; S. 9: Toasted Pictures; S. 11 + S. 72: Elena Veselova; S. 13: Lapina Maria; S. 17: zoryanchik; S. 20: Ekaterina Kondratova; S. 21 oben rechts + S. 29: Natalia Lisovskaya; S.22: Christian Arfsten; S. 23: elena moiseeva; S. 26: Eugeniusz Dudzinski; S. 27: Joshua Resnick; S. 31: Dieter Hawlan; S. 33: Toasted Pictures; S. 34: elena moiseeva; S. 35 oben links + S. 49: AlenaKogotkova; S. 35 oben rechts + S. 52: Anna_Pustynnikova; S. 36: Christian Jung; S. 37: irina2511: S. 39: Nata Bene; S. 40: Pixel-Shot: S. 41: Alp Aksoy; S. 43: doliux; S. 44 + S. 47 + S. 51 + S. 78: HandmadePictures; S. 45: Foodio; S. 46: Timolina; S. 50: Lapina Maria; S. 53 + S. 58: Jiri Hera; S. 57: Irina Burakova; S. 59: SebeningPelangi; S. 60 + S. 70: vanillaechoes; S. 61: pingpongcat; S. 63 oben links + S. 65: Christian Draghici; S. 63 oben rechts + S. 67: Heike Rau; S. 66: Eleonora Tuveri; S. 68 + S. 83 oben links + S. 87 + S. 89 + S. 91: MariaKovaleva; S. 69 oben links + S. 75: Brent Hofacker; S. 69 oben rechts + S. 82: KarinaKlachuk; S. 71: Liliya Kandrashevich; S. 73: Elena Fabbrili; S. 76: Gayvoronskaya_Yana; S. 77 + S. 85: Wiktory; S. 79: Chatham172; S. 81: RomanaMart; S. 84: Menna; S. 92: Iryna Melnyk;